PRÒLEG   MANUEL VÁZQUEZ MONTALBÁN

B

FOTOGRAFIES PERE VIVAS FRANCISCO ONTAÑÓN

LA CIUDAD:
ESE IMAGINARIO

O CIRCUNLOQUIO
SOBRE
LA CONSTRUCCIÓN
Y DECONSTRUCCIÓN DE

MANUEL VÁZQUEZ MONTALBÁN

LONA

ATENAS, BABILONIA, NÍNIVE, ALEJANDRÍA...

Nombres de ciudades que evocan complejas mitologías y referencias simbólicas que la memoria revisa de vez en cuando. Si nos hemos de plantear "qué memoria", complicaríamos tanto el problema del sujeto que establece la memoria de las ciudades, que sería inasimilable. Es inasimilable. Para unos, Atenas es la ciudad de Pericles (la Atenas de Pericles), para otros la de la reunión de arquitectos y urbanistas que codificaron su

VANG

UARDISMO
CONTEMPORÁNEO

y, en cuanto a Babilonia, es a la vez la ciudad
jardín bajo la ley del deseo y, para otros, una ciudad
que hizo posible la canción "Ay Ba, ay Ba... ay
Babilonio que mareo". Existió la Alejandría del
archivo bibliótico de la humanidad y la de Durrell,
aunque otros prefieren la de Cavafis. Las ciudades
se convierten en referentes de una finalidad del
esplendor material y cultural que coincide casi
siempre con el de la hegemonía política y económica.
Si esta ley es válida para entender la fijación de
las ciudades en la memoria del pasado, en cambio
tendría algunos problemas para demostrar su
validez en el último siglo.

Es cierto que la hegemonía política ha hecho de las capitales de los imperios más estables (Francia, Reino Unido y Estados Unidos) candidatas perpetuas a la capitanía de la mitología y del simbolismo urbano de nuestro tiempo, y es cierto que París y Londres asumen esta condición desde el Londres victoriano o el París de la Belle Époque. Pero a pesar de su condición de capital del llamado *Imperio del Bien*, Washington jamás ha provocado entusiasmos mitológicos y simbólicos excesivos y ha hecho mucho más por su memorización el cine norteamericano en blanco y negro.

Hay ciudades que son literarias y otras que no, como hay regiones que se desarrollaron porque pasó a tiempo el ferrocarril y otras que se quedaron con su geografía de tartana y arriero. Depende en ocasiones del empeño de un escritor o de un grupo de escritores y otras de la materialidad misma de la ciudad, de la sintaxis de su memoria o de su físico, de sus arqueologías, de sus gentes. Barcelona se vuelve de pronto literaria en el siglo XIX, ciudad capaz de ser imaginada y generar un *imaginario barcelonés* trifronte: la capital

VIUDA Y ROMÁ

NTICA

de un imperio perdido, generaría un ramillete de odas nacionalistas, la ciudad capitana de una revolución industrial, luchas sociales y prodigios para ricos sublimaría una novelística que mucho tiene que ver con las contradicciones sociales. La ciudad **PECADORA,**

PORTUARIA,

torva se quedaría esperando a que llegaran los novelistas franceses a codificarla: Carcó, Pieyre de Mandiargues, Genet... Como apéndices importantes de su vida, la Barcelona capital de la retaguardia republicana posó para Orwell, Malraux, Claude Simon y esa Barcelona se quedó escondida en la memoria de los vencidos hasta que recuperaron ese imaginario barcelonés desde sus exilios.

Después de la guerra son muchos los novelistas que utilizan el material urbano barcelonés como referente fundamental, tal vez aquejados de una cierta incapacidad de patriotismo mayor que el que formaban las esquinas principales de la ciudad o de un barrio. El

EXCITANTE B

literario de Barcelona procede de una especial relación espacio-tiempo, relación diacrónica y sincrónica. Esta ciudad ha historificado lo mejor de su pasado y ha creado un espacio barcelonés convencional pero vivo, lleno de barricadas, putas de absenta, Gaudís, sufrimientos éticos, ricos ligeros, pobres sólidos, ocupantes, ocupados, humillados, ofendidos... y todo en un decorado lleno de maravillas pequeñitas y cercanas, a veinte minutos las putas de absentas de los señorones dels Jardinets en los buenos tiempos de los señorones y Els Jardinets.

Esa relación espacio-tiempo se sitúa en el tiempo convencional de unos ciento cincuenta años de historia y en unos escasos kilómetros cuadrados de territorio donde hubo de todo y pasó de todo durante los días laborables y los domingos todo el mundo se iba a la Rambla a posar para Georges Sand o para las televisiones de Europa ávidas de olimpiedades.

Ahora Barcelona, democrática y postolímpica, se ha convertido en un

ELLO
ESCENARIO

para una representación por decidir y por eso se predispone a acoger cualquier acontecimiento universal, porque no hay angustia más insufrible que la que producen los teatros vacíos. Abierta al mar, socializado el mar, Barcelona ha dejado de ser el anfiteatro de una burguesía hegemónica para serlo de una etnia urbanita condicionada por un poderoso patriotismo de ciudad contemplada con ojos protectores, enamorados, edípicos de hijos de viuda, porque a los barceloneses de hoy, como a los de ayer y los de mañana, les sigue afectando la sensación de vivir en una ciudad que nunca consiguió biencasarse del todo.

"Puis, comme
Sigismond persiste,
il lui dit qu'il peut,
avec sa voiture,
descendre

LA RAMBLA

et prendre le paseo de
Colón qui le conduira
directement à la Poste,
mais qu'il est
plus simple d'aller

À PIED

JUSQUE-LÀ

par les petites rues
où l'on a toujours de l'ombre."

André Pieyre de Mandiargues

Després, com que Sigismond persisteix, li diu que pot, amb el cotxe, baixar la Rambla i tombar cap al passeig de Colom que el menarà directament a Correus, però que és més senzill d'anar-hi a peu pels carrerons on sempre tindrà ombra.

Luego, como Segismundo persiste, le dice que puede, con su coche, bajar la Rambla y girar hacia el paseo de Colón, que lo llevará directamente a Correos, pero que es más fácil llegar a pie por las callejuelas, por donde siempre tendrá sombra.

Then, as Sigismond persists, he tells him he can go down La Rambla in his car and turn onto Passeig de Colom which will take him straight to the Post Office, but that it is, in fact, simpler to get there on foot through the backstreets where he will always be in the shade.

Danach, da Sigismond darauf beharrt, sage ich ihm, dass er die Rambla bis zum Passeig de Colom, mit dem Auto hinunterfahren kann, der direkt zur Post führt, dass es aber einfacher ist, dorthin zu Fuß durch die Gässchen zu gehen, in denen er immer Schatten haben wird.

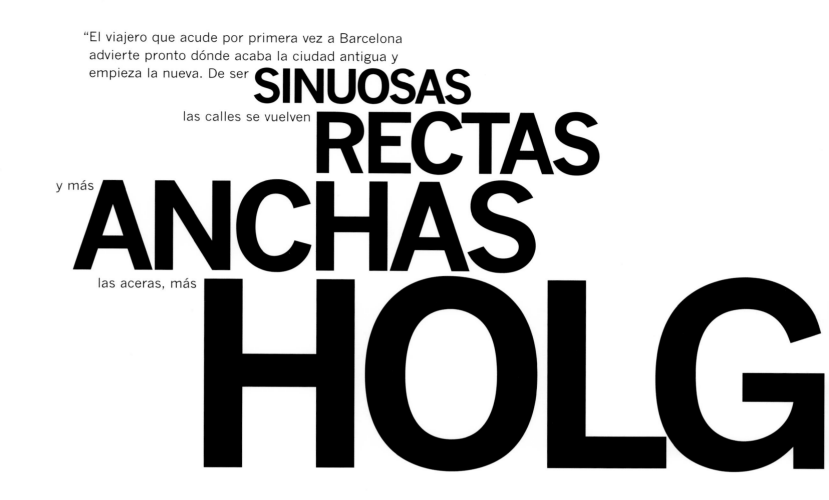

"El viajero que acude por primera vez a Barcelona advierte pronto dónde acaba la ciudad antigua y empieza la nueva. De ser **SINUOSAS** las calles se vuelven **RECTAS** y más **ANCHAS** las aceras, más **HOLG**

ADAS;

unos plátanos talludos los sombrean gratamente, las edificaciones son de más porte, no falta quien se aturde, creyendo haber sido transportado a otra ciudad mágicamente. A sabiendas de ello o no, los propios barceloneses cultivan este equívoco: al pasar de un sector a otro parecen cambiar de físico, de actitud y de indumentaria. Esto no siempre fue así; esta transición tiene su explicación, su historia y su leyenda." **Eduardo Mendoza**

El viatger que arriba per primer cop a Barcelona s'adona aviat on acaba la ciutat antiga i comença la nova. Els carrers, de ser sinuosos, es tornen rectes i més amples; les voreres, més folgades; uns plàtans espigats els ombregen de bona gana, els edificis prenen més cos, n'hi ha que s'atordeixen, creient haver estat transportats a una altra ciutat màgicament. A gratcient o no d'això els mateixos barcelonins cultiven aquest equívoc: en passar d'un sector a l'altre semblen canviar de físic, d'actitud i d'indumentària. Això no sempre ha estat així; aquesta transició té la seva explicació, la seva història i la seva llegenda.

The traveller coming to Barcelona for the first time soon notices where the old city ends and the new begins. The old, crooked streets suddenly run straight; they become broader, the pavements more generous, the buildings more imposing, and stout plane trees provide welcome shade. The traveller is occasionally bewildered by the change, believing himself whisked off to some other city by magic. Consciously or unconsciously, the people of Barcelona reinforce this impression: on passing from one sector to the other, they change in appearance, attitude and attire. It was not always thus; the transition has its explanation, its history, its legend.

Le voyageur qui arrive pour la première fois à Barcelone se rend vite compte où finit la vieille ville et où commence la nouvelle. Les rues sinueuses deviennent droites et plus larges; les trottoirs plus amples, des platanes élancés leur donnent une ombre agréable, les immeubles ont plus d'allure, et certains voyageurs en sont étourdis, croyant être transportés dans une autre ville, comme par magie. Consciemment ou inconsciemment, les barcelonais aussi cultivent cette ambigüité: en passant d'un secteur à l'autre, on dirait qu'ils changent de physique, d'attitude et de vêtements. Il n'en fut pas toujours ainsi; cette transition possède une explication, une histoire et une légende.

Wer zum ersten Mal nach Barcelona kommt, sieht schnell, wo die Altstadt aufhört und die neue Stadt beginnt. Die im alten Teil verwinkelten Straßen werden gerade und breiter und die Gehwege ausladender. Knorrige Platanen spenden angenehmen Schatten; die Gebäude sind stattlicher; immer wieder geraten Leute ins Staunen, weil sie sich auf magische Weise in eine andere Stadt versetzt fühlen. Ob wissentlich oder nicht, die Barcelonesen selbst kultivieren diese Täuschung: Wenn sie die Grenzen vom einen Teil zum anderen überschreiten, scheinen sie Aussehen, Haltung und Kleidung zu ändern. Das war nicht immer so, dass es dazu kam, hat seine Erklärung, Geschichte und Legende.

Encadena
a escalinata
parque Güell y

DRAGÓN

de cerámica recibiendo
un chaparrón abrileño

DO

ORADO

por el sol.
Bajo esta lluvia florecida,
tres niños descalzos cabalgan
el Dragón abrazándose
y blandiendo espadas
de madera.

Juan Marsé

Encadena a escalinata park Güell
i Drac de ceràmica rebent un
xàfec abrilenc daurat pel sol.
Sota aquesta pluja florida,
tres nens descalços cavalquen
el Drac abraçant-se i brandant
espases de fusta.

Fade-in to the steps of the park
Güell and the ceramic dragon. An
April shower is falling, golden in
the sunlight, and three barefoot
children are riding on the dragon,
caught in the downpour; they are
holding on to one another and
brandishing wooden swords.

Enchaîne sur l'escalier du park
Güell et Dragon de céramique
recevant une averse d'avril dorée
par le soleil. Sous cette pluie
fleurie, trois garçons pieds-nus
chevauchent le Dragon,
s'embrassant et brandissant des
épées de bois.

Angekettet an Treppe, Park Güell
und Keramik-Drachen, auf den
ein von der Sonne golden
gefärbter Aprilguss niedergeht.
Unter diesem blütensprühenden
Regen reiten drei barfüßige
Kinder auf dem Drachen, die
Arme umeinander geschlungen
und Holzschwerter schwingend.

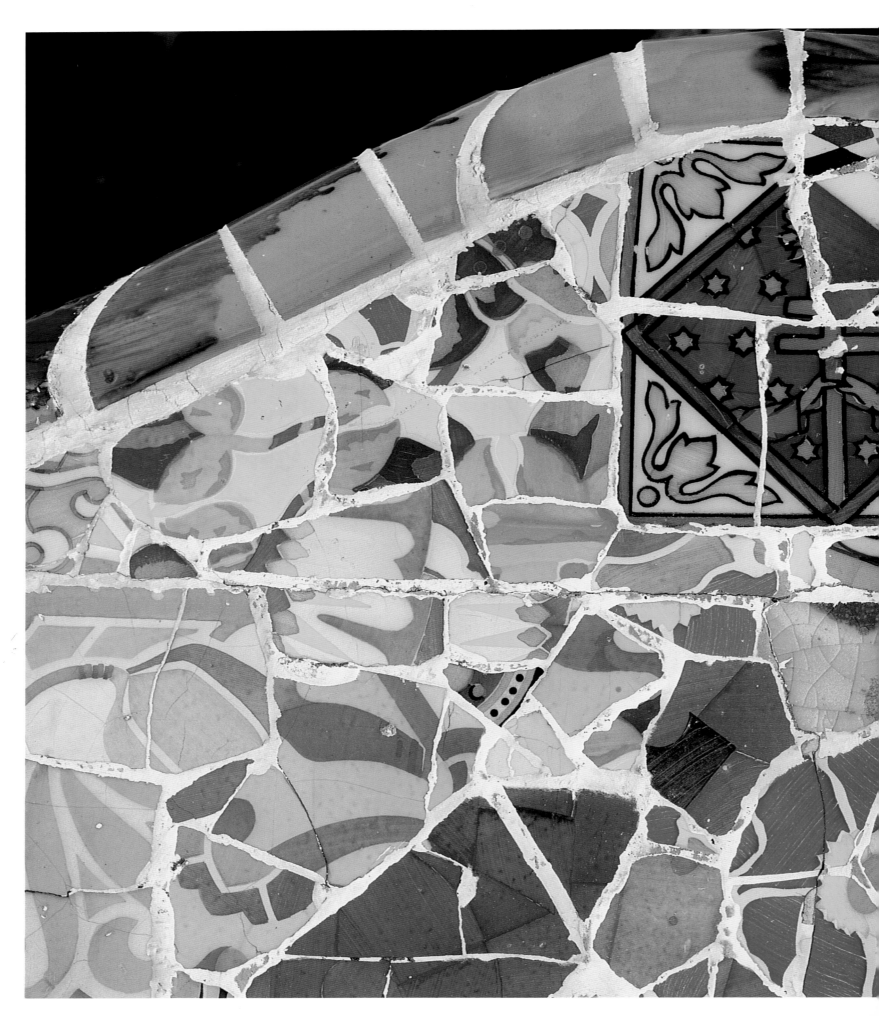

Enfant d'Alexandrie,
dès que

J'AI VU

Barcelone

J'AI

RECONNU

en elle une soeur-patrie
née de la même mère
Méditerranée

Georges Moustaki

Fill d'Alexandria,
així que vaig veure Barcelona
hi vaig reconèxer
una germana·pàtria
nascuda de la mateixa mare
Mediterrània.

Hijo de Alejandría,
en el momento
en que vi Barcelona
reconocí en ella
una patria hermana,
nacida de la misma madre
Mediterránea.

Child of Alexandria,
As soon as I saw Barcelona
I recognised her as a sister country
Born of the same
Mediterranean mother.

Kind Alexandrias,
ich sah Barcelona und
erkannte die Stadt als eine
schwesterliche Heimat
geboren aus demselben
Mittelländischen Meer.

It is possible, some
days to see the whole
of Barcelona with your
feet on the ground.
The vantage point is the

OLD FUN

on the Collserola massif
behind the city, known as
Tibidabo.

Robert Hughes

FAIR

Hi ha dies que es pot veure tota Barcelona sense deixar de tocar de peus a terra.
El punt ideal és l'antic parc d'atraccions a la serra de Collserola darrere la ciutat, anomenat Tibidabo.

Algunos días se puede ver toda Barcelona sin despegar los pies del suelo. El mirador ideal es el antiguo parque de atracciones que se levanta en lo alto de la sierra de Collserola, detrás de la ciudad, conocido como Tibidabo.

Il y a des jours où l'on peut voir tout Barcelone sans quitter la terre. Le mirador idéal est l'ancien parc d'attractions qui se dresse derrière la ville, au sommet de la sierra de Collserola, connu sous le nom de Tibidabo.

An manchen Tagen kann man ganz Barcelona mit den Füßen auf dem Boden überblicken. Der ideale Aussichtspunkt dafür ist der alte Vergnügungspark in der Sierra de Collserola hoch über der Stadt, bekannt als Tibidabo.

L'une des plus belles
villes au monde.
Il est nécesaire de la
convertir en une cité

ADMIRABLE

Engagez-moi, je serais

ENC

Una de les ciutats més belles del
món. És necessari convertir-la en
una urbs admirable. Contracteu-
me, estaré molt content de ser útil.

Una de las ciudades más bellas del
mundo. Es necesario convertirla en
una urbe admirable. Contrátenme,
estaré encantado de ser útil.

One of the most beautiful cities in
the world. It should be turned into
a wonderful urbs. Hire me, I will
be only too pleased to be of use.

Eine der schönsten Städte der
Welt. Man muss aus ihr eine
bewundernswerte Stadt
machen. Engagieren Sie mich,
ich würde mich sehr freuen,
nützlich zu sein.

CHANTÉ

d'être utile.

Le Corbusier

Les idylles
De la ville
Sont amorcées par un sourcil noir.
Les ivresses
Les tristesses
Viennent ensuite parce qu'un soir

Une brune personne
Sur la Rambla
En passant rencontra
L'amour et puis

A BARCELONE VOIL

Maurice Chevalier

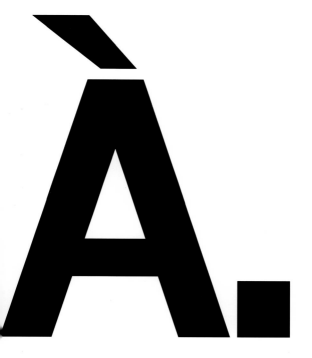

Els idil·lis
de la vila
despunten amb una cella negra.
Les embriagueses
les tristeses
apareixen tot seguit
perquè una nit
a Barcelona
una bruna persona
a la Rambla
tot passant
Trobà l'amor i voilà.

Los idilios
De la ciudad
Empiezan con una ceja negra.
Las embriagueces,
Las tristezas
Aparecen de inmediato
Porque un anochecer
En Barcelona
Una persona morena
Pasando por la Rambla
Encontró
El amor y voilà.

The idylls
In the town
Start with a black eyebrow.
Then come the raptures
And the sadness,
Because one evening
In Barcelona
A dark-skinned person
Found love
On La Rambla
As they walked by
Voilà.

Die Idyllen
der Stadt
beginnen mit schwarzen Brauen.
Der Rausch
die Traurigkeit
kommen danach,
weil eines Nachts
in Barcelona
eine dunkelhäutige Person
auf der Rambla
spazieren gehend ganz plötzlich
die Liebe fand, ganz einfach, voilà.

(...) dibujando del

COLOR

de su recuerdo su voz de arco iris y el

PERFUME

de soles fritos y el olor de pescado y sandía y el aire de cigarro puro y

ALMEJAS

y albahaca más tarde a las dos y media o las tres de la madrugada al lado de la

PL

(...) dibuixant del color del seu record la seva veu iridiscent i el perfum de sols fregits i l'olor de peix i síndria i l'aire de cigar i cloïsses i alfàbrega més tard a quarts de tres o les tres de la matinada vora la platja a Barcelona a la Barceloneta una nit de Sant Joan embolicades en un tros de paper de seda (...)

(...) drawing from the colour of his memory his rainbow voice and the perfume of fried suns and the smell of fish and watermelon and cigars and clams and basil in the air later at two thirty or three in the morning by the beach in Barcelona in La Barceloneta on Saint John's Eve wrapped in a piece of tissue paper (...)

(...) dessinant de la couleur de son souvenir sa voix d'arc-en-ciel et le parfum de soleils frits et l'odeur de poisson et de pastèque et l'air de cigare et les clovisses et le basilic plus tard à deux heures et demie ou trois heures du matin à côté de la plage à Barcelone à la Barceloneta une nuit de la Saint-Jean enveloppées dans un morceau de papier de soie (...)

(...) aus der Farbe seiner Erinnerung heraus seine Regenbogenstimme zeichnend und das Aroma von gebratenen Sonnen und Wassermelone und den Geruch von Fisch und einer Zigarre und von Muscheln und Basilikum, später, um halb zwei oder drei in der Früh, am Strand von Barcelona, in der Barceloneta in einer Johannisnacht, eingewickelt in Seidenpapierstücke (...)

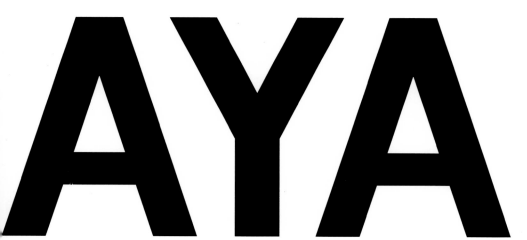

AYA

en Barcelona en la Barceloneta una noche de San Juan envueltas en un trozo de papel de seda (...) **Pablo Picasso**

"I used to sit on the roof marvelling at the folly of it all. From the little windows in the observatory you could see for miles around –vista after vista of tall slender buildings, glass domes and fantastic curly roofs with brilliant

GREE

and copper tiles; over to eastward the glittering pale

EN BLUE SEA

– the first glimpse of the sea that I had had since coming to Spain."

George Orwell

Acostumava a seure al terrat meravellant·me de la bogeria de tot plegat. Des de les finestretes de l'observatori podies veure quilòmetres a la rodona; panoràmica rere panoràmica d'alts edificis esvelts, cúpules de vidre i fantàstics terrats enjoiats amb brillants rajoles verdes i color coure; més anllà, cap a l'est, el resplendent mar blau cel; la primera visió del mar que havia tingut des de l'arribada a Espanya.

Solía sentarme en el tejado, maravillándome ante la locura de todo aquello. Desde las ventanitas del observatorio se alcanzaba a ver varias millas, una imagen tras otra de edificios altos y esbeltos, bóvedas de cristal y fantásticos tejados curvos con baldosas brillantes cobre y verdes; más allá, hacia el este, el reluciente mar azul claro: la primera visión del mar que tenía desde mi llegada a España.

Je m'asseyais sur le toit, m'émerveillant de la folie de tout cela. Des petites fenêtres de l'observatoire, on pouvait voir à des kilomètres à la ronde, vue après vue, des immeubles élancés, des dômes de verre et des toits fantastiques et courbes aux tuiles vert brillant et cuivrées; vers l'est, la mer bleu pâle scintillante, ma première vision de la mer depuis mon arrivée en Espagne.

Ich saß auf dem Dach und wunderte mich über die Unsinnigkeit der ganzen Sache. Aus den kleinen Fenstern im Observatorium konnte man kilometerweit im Umkreis sehen: Blick über Blick auf hohe, schlanke Gebäude, Glaskuppeln und phantastisch gewellte Dächer mit leuchtend grünen, kupferfarbenen Ziegeln. Nach Osten hinüber sah man das glitzernde, blaßblaue Meer. Es war mein erster Blick auf das Meer seit meiner Ankunft in Spanien.

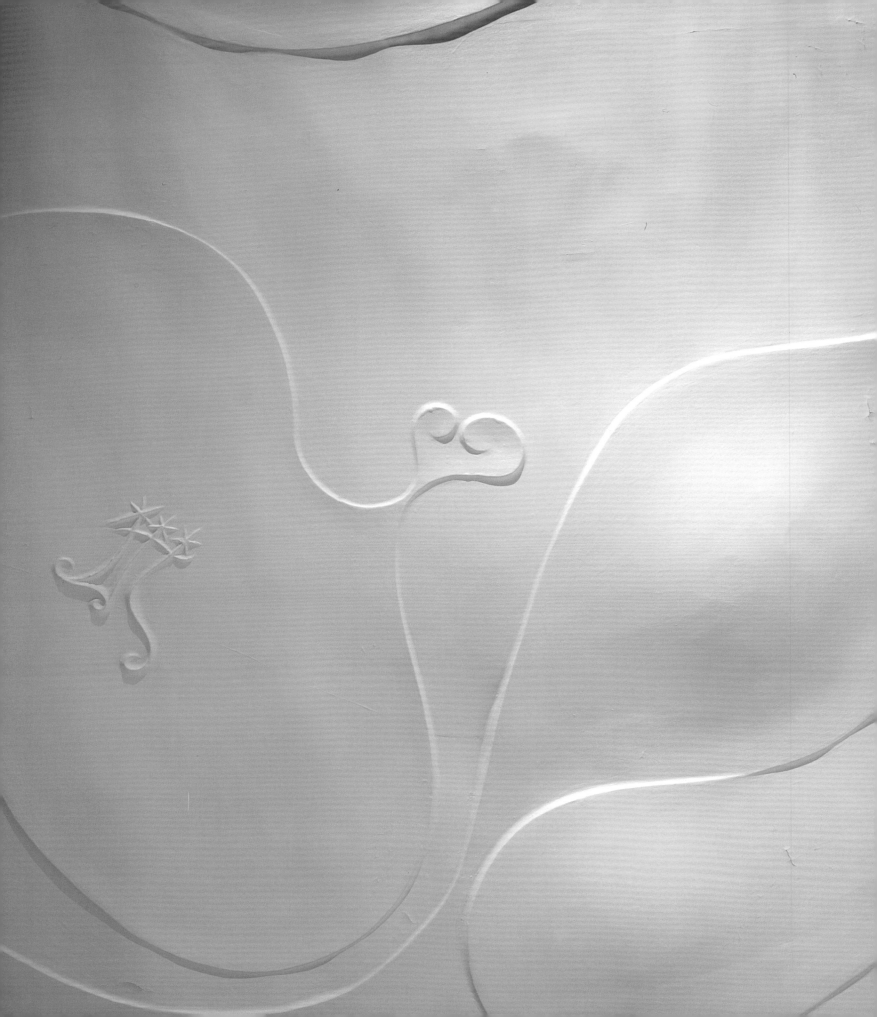

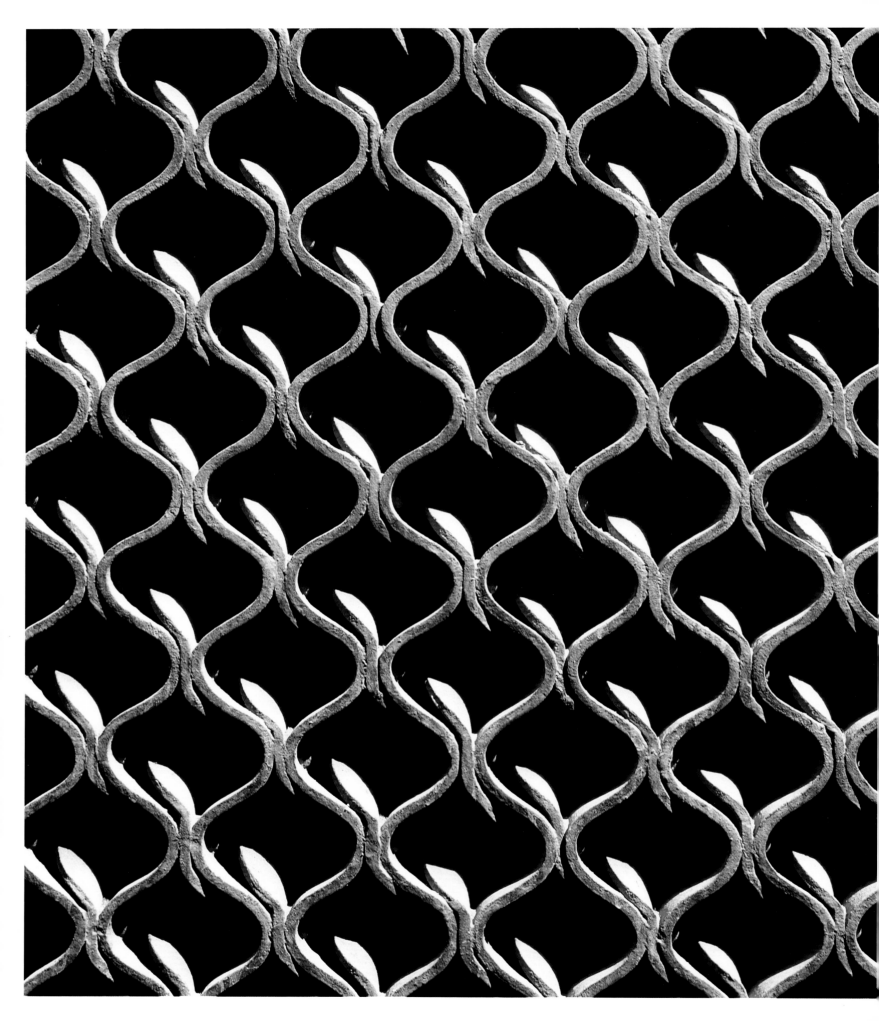

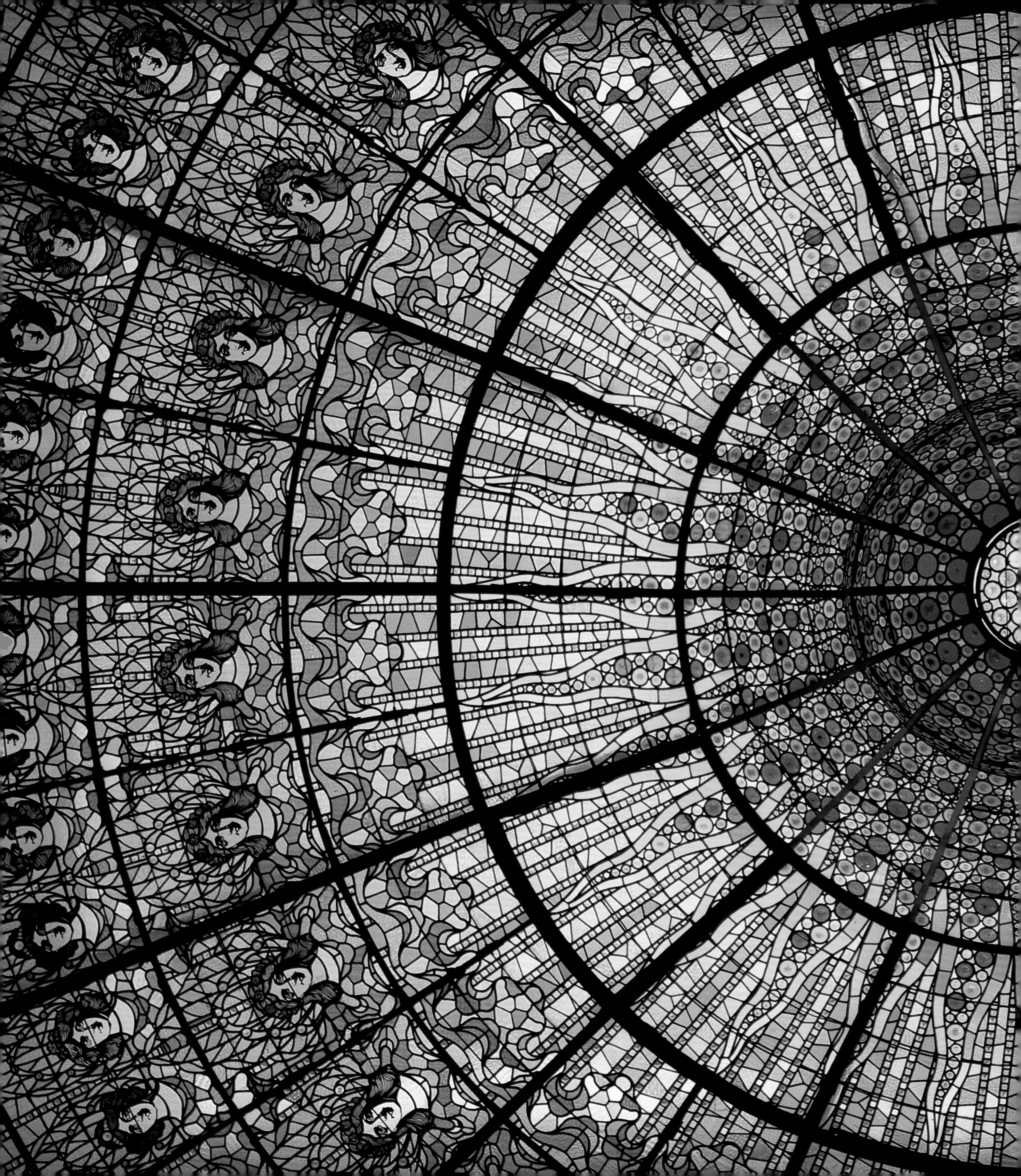

Barcelona,
esdevindràs, si vols, la
CAPITAL ALTIVA
d'una pàtria novella de rels velles,
QUASI

FELIÇ

penosament fecunda. Pere Quart

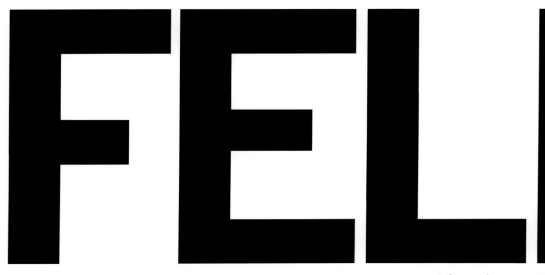
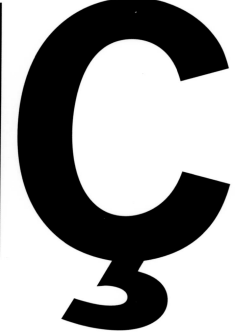

Barcelona,
llegarás a ser, si quieres,
la capital altiva
de una patria nueva
de viejas raíces,
casi feliz, penosamente fecunda.

Barcelona,
You will become, if you so desire,
The proud capital
Of a new country
With ancient roots,
Almost happy, barely fertile.

Barcelone,
tu deviendras, si tu le veux,
la fière capitale
d'une patrie nouvelle
aux vieilles racines,
presque heureuse, à peine fertile.

Barcelona,
Du wirst, so Du willst,
die stolze Kapitale
eines neuen Vaterlandes
mit alten Wurzeln,
fast glücklich, schmerzlich fruchtbar.

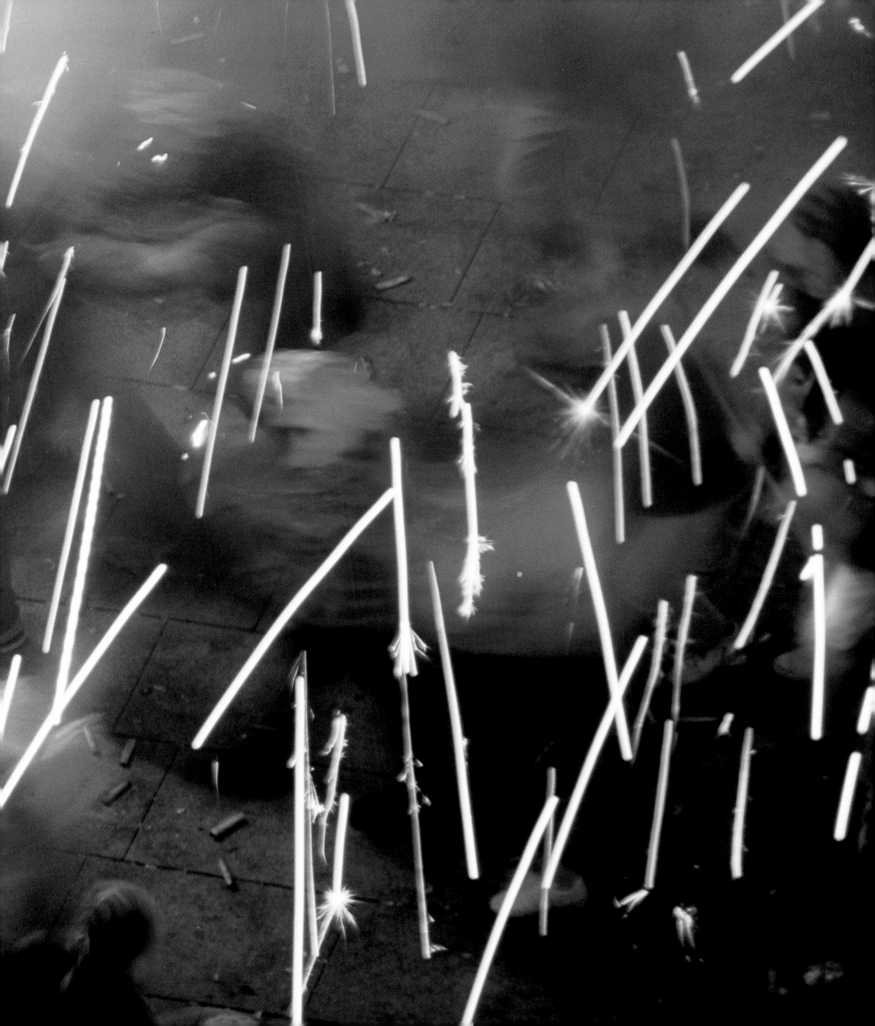

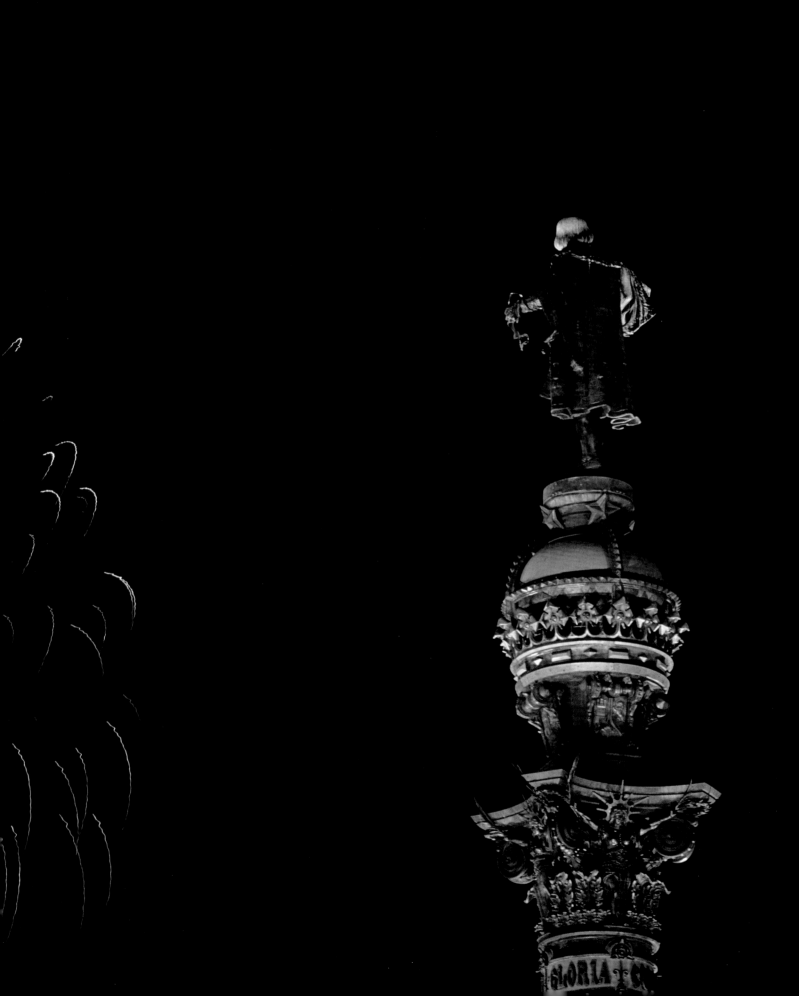

La Rambla de nit.
La Rambla de noche.
La Rambla at night.
La Rambla de nuit.
Die Rambla bei Nacht

El port i Colom.
El puerto y Colón.
The harbour and the Colombus Monument.
Le port et Cristophe Colomb.
Der Hafen und die Kolumbus-Säule.

Monument a Colom al peu de la Rambla.
Monumento a Colón al pie de la Rambla.
Columbus Monument at the bottom of La Rambla.
Monument à Christophe Colomb à la fin de la Rambla.
Kolumbus-Säule am Ende der Rambla.

Vista nocturna de la Rambla.
Vista nocturna de la Rambla.
La Rambla at night.
Vue nocturne de la Rambla.
Nachts auf den Rambla.

La Rambla de les Flors.

Mercat de la Boqueria.
Mercado de la Boqueria.
Boqueria Market.
Marché de la Boqueria.
Die Markthalle Boqueria.

Terrasses de la Plaça Reial.
Terrazas de la Plaça Reial.
Pavement cafés in Plaça Reial.
Terrasses de la Plaça Reial.
Restaurant-Terrassen an der Plaça Reial.

Plaça de Sant Josep Oriol.

El terrat i les xemeneies del Palau Güell.
El terrado y las chimeneas del Palau Güell.
Rooftop and chimneys, Palau Güell.
La terrasse sur le toit et les cheminées du Palau Güell.
Dach und Schornsteine des Palau Güell.

La Rambla i l'església del Pi.
La Rambla y la iglesia del Pi.
La Rambla and the church of El Pi.
La Rambla et l'église del Pi.
Die Rambla und die Kirche Pi.

Cafè de l'Òpera.

Casa Figueras, pastisseria modernista.
Casa Figueras, pastelería modernista.
Casa Figueras, modernist patisserie.
Casa Figueras, pâtisserie moderniste.
Die Konditorei Casa Figueras mit Jugendstilfassade.

El port i les platges des de Miramar.
El puerto y las playas desde Miramar.
The harbour and beaches seen from Miramar.
Le port et les plages vus du Miramar.
Hafen und Strand von Miramar aus gesehen.

Pati interior del Museu Tèxtil.
Patio interior del Museo Textil.
Interior courtyard of the Museu Tèxtil.
Cour intérieure du Museu Tèxtil.
Innenhof des Textilmuseums.

Restaurant Els Quatre Gats.
Restaurante Els Quatre Gats.
The restaurant Els Quatre Gats.
Le restaurant Els Quatre Gats.
Im Restaurant Els Quatre Gats.

Carrer Montcada.

Barri de la Ribera.
Barrio de la Ribera.
The Ribera District.
Quartier de la Ribera.
Das Viertel La Ribera.

Plaça de Sant Felip Neri.

Església de Sant Pau del Camp.
Iglesia de Sant Pau del Camp.
Church of Sant Pau del Camp.
Église de Sant Pau del Camp.
Die Kirche Sant Pau del Camp.

Basílica de Santa Maria del Mar.
Basílica de Santa María del Mar.
Church of Santa Maria del Mar.
Basilique de Santa Maria del Mar.
Die Kirche Santa Maria del Mar.

Carrer Argenteria.

Museu d'Història de la Ciutat.
Museo d'Historia de la Ciutat.
City History Museum.
Musée d'Histoire de la Ville.
Museum für Stadtgeschichte.

Pont neogòtic del carrer del Bisbe.
Puente neogótico del Carrer del Bisbe.
Neo-Gothic bridge in Carrer del Bisbe.
Pont néo-gothique de la Carrer del Bisbe.
Neugotische Brücke in der Carrer del Bisbe.

Plaça del Rei, escultura de Chillida.
Plaça del Rei, escultura de Chillida.
Plaça del Rei, sculpture by Chillida.
Plaça del Rei, sculpture de Chillida.
Plaça del Rei, Skulptur von Chillida.

Cúpula de l'església de la Mercè.
Cúpula de la Iglesia de la Mercè.
Dome of the church of la Mercè.
Coupole de l'église de la Mercè.
Die Kuppel der Kirche Mercè.

Carrer de l'Arc del Teatre.

Claustre de la Catedral.
Claustro de la Catedral.
Cathedral cloister.
Cloître de la Cathédrale.
Der Kreuzgang der Kathedrale.

Rosassa de l'església del Pi.
Rosetón de la Iglesia del Pi.
Rose window in the church of El Pi.
Rosette de l'Eglise del Pi.
Rosette an der Kirche Pi.

Façana de la Catedral.
Fachada de la Catedral.
Cathedral façade.
Façade de la Cathédrale.
Fassade der Kathedrale.

Vista de Ciutat Vella.
Vista del casco antiguo.
View of the old quarter.
Vue de la vieille ville.
Ansicht der Altstadt.

Interior d'un pinacle de la Catedral.
Interior de un pináculo de la Catedral.
Interior of one of the Cathedral's pinnacles.
Vue intérieure d'un pinacle de la Cathédrale.
Innenansicht der Turmspitze.

Vista aèria de l'Eixample.
Vista aérea del Eixample.
Aerial view of the Eixample.
Vue aérienne de l'Eixample.
Luftaufnahme vom Eixample.

Un terrat de l'Eixample.
Una azotea del Eixample.
An Eixample rooftop.
Une terrasse de l'Eixample.
Dachterrasse im Eixample.

Escales interiors de les torres de la Sagrada Família.
Escaleras interiores de las torres de la Sagrada Familia.
Staircase inside the towers of the Sagrada Familia.
Escaliers intérieurs des tours de la Sagrada Familia.
Treppe in einem Turm der Sagrada Familia.

Temple de la Sagrada Família: detall i façana del Naixement.
Templo de la Sagrada Familia: detalle y fachada del Nacimiento.
Temple de la Sagrada Família: detail and façade of the Nativity.
Temple de la Sagrada Família: détail et façade de la Naissance
Temple de la Sagrada Família: Detail und Fassade der Geburt.

Xemeneies del Palau Güell.
Chimeneas del Palau Güell.
Palau Güell chimneys.
Cheminées du Palau Güell.
Schornsteine des Palau Güell.

Pavellons de la Finca Güell al barri de Pedralbes.
Pabellones de la Finca Güell en el barrio de Pedralbes.
Pavilions of the Finca Güell in the Pedralbes district.
Pavillons de la Propriété Güell dans le quartier de Pedralbes.
Pavillon der Finca Güell in Pedralbes.

Vista de la ciutat des de l'esplanada del Park Güell.
Vista de la ciudad desde la explanada del Park Güell.
View of the city from the esplanade of Park Güell.
Vue de la ville de l'esplanade du Park Güell.
Blick über die Stadt vom Park Güell aus.

Escalinata i drac de l'entrada principal al Park Güell.
Escalinata y dragón de la entrada principal al Park Güell.
Steps and dragon at the main entrance to Park Güell.
Escalier et dragon de l'entrée principale du Park Güell.
Treppe mit Drachen am Haupteingang des Park Güell.

Vista panoràmica d'un viaducte del Park Güell.
Vista panorámica de un viaducto del Park Güell.
Panoramic view of the archways, Park Güell.
Vue panoramique d'un viaduc du Park Güell.
Panoramablick auf ein Viadukt im Park Güell.

Sala hipòstila del Park Güell.
Sala hipóstila del Park Güell.
Hypostyle chamber in Park Güell.
Salle hypostyle du Park Güell.
Säulenhalle im Park Güell.

Park Güell. Detall del trencadís del banc.
Park Güell. Detalle del *trencadís*, mosaico del banco.
Park Güell. Detail of the *trencadís*, mosaic on a bench.
Park Güell. Détail du *trencadís*, mosaique du banc.
Park Güell, Detailansicht der Bank.

Conjunt del Park Güell amb el Tibidabo al fons.
Conjunto del Park Güell con el Tibidabo al fondo.
Park Güell with Tibidabo in the background.
Ensemble du Park Güell avec le Tibidabo au fond.
Blick auf den Park Güell mit dem Tibidabo im Hintergrund.

Torre de Collserola.
Torre de Collserola.
Collserola Tower.
Tour de Collserola.
Fernsehturm Collserola.

Parc d'atraccions del Tibidabo.
Parque de atracciones del Tibidabo.
Tibidabo Funfair.
Parc d'attractions du Tibidabo.
Vergnügungspark Tibidabo.

La ciutat vista des del Tibidabo.

La ciudad vista desde el Tibidabo.

The city seen from Tibidabo.

La ville vue du Tibidabo.

Blick auf die Stadt vom Tibidabo aus.

Port Olímpic.

Puerto Olímpico.

Olympic Harbour.

Port Olympique.

Olympiahafen.

La platja del Bogatell.

La playa de Bogatell.

Bogatell beach.

La plage de Bogatell.

Der Strand Bogatell.

El Port Olímpic vist des de l'espigó.

El Puerto Olímpico visto desde el espigón.

The Olympic Harbour seen from the breakwater.

Le Port Olympique vu de la digue.

Olympiahafen von der Mole aus.

Vista des del mar, de Montjuïc a Badalona.

Vista desde el mar, de Montjuïc hasta Badalona.

View from the sea, from Montjuïc to Badalona.

Vue de la mer, de Montjuïc jusqu'à Badalona.

Blick vom Meer auf die Stadt, von Montjuïc bis Badalona.

Edificis de la Vila Olímpica

Edificios de la Villa Olímpica.

Buildings in the Olympic Village.

Edifices de la Ville Olympique

Häuser in der Vila Olímpica.

Vila Olímpica i Marina Village:
Peix de Frank Gehry

Villa Olímpica y Marina Village:
Pez de Frank Gehry.

Olympic Village and Marina Village:
Fish by Frank Gehry.

Villa Olympique et Marina Village:
Poisson de Frank Gehry.

Vila Olímpica und Olympiahafen:
Fisch von Frank Gehry

Detall de l'escultura *Peix* de Frank Gehry.

Detalle de la escultura *Pez* de Frank Gehry.

Detail of *Fish*, sculpture by Frank Gehry.

Détail de la sculpture *Poisson* de Frank Gehry.

Detailansicht der Skulptur *Fisch* von Frank Gehry.

Vista aèria del Port Olímpic.

Vista aérea del Puerto Olímpico.

Aerial view of the Olympic Harbour.

Vue aérienne du Port Olympique.

Luftaufnahme des Olympiahafens.

Llac del Parc de la Ciutadella.

Lago del Parque de la Ciutadella.

Lake in Park de la Ciutadella.

Étang du Parc de la Ciutadella.

Der See im Parc de la Ciutadella.

L'Arc de Triomf.

El Arco de Triunfo.

The *Arc de Triomf*.

L'Arc de Triomphe.

Der Triumphbogen.

Museu de Zoologia vist des de l'Hivernacle. Parc de la Ciutadella.

Museo de Zoología visto desde el *Hivernacle*. Parque de la Ciutadella.

Zoological Museum seen from the Glasshouse. Parc de la Ciutadella.

Musée de Zoologie vu du Jardin d'Hiver. Parc de la Ciutadella.

Zoologisches Museum vom Gewachshaus, dem *Hivernacle*, aus im Parc de la Ciutadella.

L'Umbracle del Parc de la Ciutadella.

El *Umbracle* del parque de la Ciutadella.

The Plant House in Parc de la Ciutadella.

Le Jardin d'Ombre du Parc de la Ciutadella.

Das Warmhaus, das *Umbracle*, im Parc de la Ciutadella.

Jardins de Costa i Llobera.

Jardines de Costa i Llobera.

Costa i Llobera Gardens.

Jardins de Costa i Llobera.

Parkanlage Costa i Llobera.

Jardins del Parc de la Ciutadella.

Jardines del Parc de la Ciutadella.

Gardens of Parc de la Ciutadella.

Jardins du Parc de la Ciutadella.

Gartenanlage im Parc de la Ciutadella.

Cascada del Parc de la Ciutadella.

Cascada del Parc de la Ciutadella.

Waterfall in Parc de la Ciutadella.

Cascade du Parc de la Ciutadella.

Kaskade im Parc de la Ciutadella.

La ciutat des del Tibidabo.

La ciudad desde el Tibidabo.

The city seen from Tibidabo.

La ville vue du Tibidabo.

Die Stadt vom Tibidado aus.

Escultura dels jardins del Palauet Albèniz.

Escultura del los jardines del Palacete Albéniz.

Sculpture in the gardens of the Palauet Albèniz.

Sculpture des jardins du Palauet Albéniz.

Skulptur im Park des Palauet Albèniz.

Parc del Laberint d'Horta.

Parque del Laberinto de Horta.

Labyrinth Park, Horta.

Parc du Labyrinthe d'Horta.

Parkanlage Labyrinth in Horta

Jardins del
Palauet Albèniz.

Jardines del
Palacete Albéniz.

Gardens of the
Palauet Albéniz.

Jardins du Palauet
Albèniz.

Gartenanlage des
Palauet Albéniz.

Claustre
del Monestir
de Pedralbes.

Claustro del
Monasterio
de Pedralbes.

Pedralbes
Monastery cloister.

Cloître du Monastère
de Pedralbes.

Kreuzgang im
Kloster Pedralbes.

Escultura de Chillida al
Parc de la Creueta del Coll.

Escultura de Chillida en el
Parque de la Creueta del Coll.

Sculpture by Chillida,
Park of the Creueta del Coll.

Sculpture de Chillida dans le
Parc de la Creueta del Coll.

Skulptur von Chillida im
Parc de la Creueta del Coll.

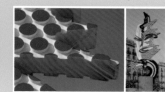

Poema visual de Joan Brossa als jardins
del Velòdrom d'Horta.

Poema visual de Joan Brossa en los
jardines del Velódromo de Horta.

Visual poem by Joan Brossa in the
gardens of the Horta Veledrome.

Poème visuel de Joan Brossa dans
les jardins du Vélodrome d'Horta.

Visuelles Gedicht von Joan Brossa in
der Gartenanlage der Radrennbahn in
Horta.

Escultura Cap de Barcelona
de Roy Lichtenstein.

Escultura Cabeza de Barcelona
de Roy Lichtenstein.

Barcelona Head, sculpture
by Roy Lichtenstein.

Sculpture Tête de Barcelone
de Roy Lichtenstein.

Skulptur Kopf von Barcelona
von Roy Lichtenstein.

Plaça de les Tres Xemeneies.

Escultura Mistos de Claes Oldenburg
a Vall d'Hebron.

Escultura Cerillas de Claes Oldenburg,
en Vall d'Hebron.

Matches, sculpture by Claes Oldenburg,
Vall d'Hebron

Sculpture Allumettes de
Claes Oldenburg à Vall d'Hebron.

Skulptur Zündhölzer von
Claes Oldenburg in Vall d'Hebrón.

Pati interior de la
Casa de Caritat.

Patio interior de la
Casa de la Caritat.

Interior courtyard
of the Casa de la
Caritat.

Cour intérieure de
la Casa de la
Caritat.

Innenhof der Casa
de la Caritat.

Teatre Nacional
de Catalunya.

Teatro Nacional
de Cataluña.

National Theater
of Catalonia.

Théatre National
de Catalogne.

Nationalteather
von Katalonien.

Vista panoràmica de Ciutat Vella.

Vista panorámica de Ciutat Vella.

Panoramic view of Ciutat Vella.

Vue panoramique de Ciutat Vella.

Panoramablick auf die Altstadt

Interior del Gran Teatre del Liceu.

Interior del Gran Teatre del Liceu.

Interior of the Opera House,
Gran Teatre del Liceu.

Intérieur de l'Opéra,
Gran Teatre del Liceu.

Innenansicht des Opernhauses,
Gran Teatre del Liceu.

Sala principal de L'Auditori.

Sala principal de L'Auditori.

Main concert hall of L'Auditori.

Salle principale de L'Auditori.

Großer Saal des Konzerthauses,
L'Auditori.

Museu d'Art Contemporani.

Museo de Arte Contemporáneo.

Museum of Contemporary Art.

Musée d'Art Contemporain.

Museum für zeitgenössische Kunst.

Parc de l'Escorxador: Dona i ocell de Joan
Miró, i Fundació Joan Miró a Montjuïc.

Parc de l'Escorxador: Mujer y Pájaro de
Joan Miró y Fundació Joan Miró en Montjuïc.

Parc de l'Escorxador: Woman and Bird
by Joan Miró and Fundació Joan Miró,
Montjuïc.

Parc de l'Escorxador: Femme et Oiseau
de Joan Miró et Fundació Joan Miró
à Montjuïc.

Parc de l'Escorxador: Frau und Vogel von
Joan Miró und die Fundació Joan Miró
auf dem Montjuïc.

Escultura de Georg Kolbe al Pavelló
Mies van der Rohe.

Escultura de Georg Kolbe en el Pabellón
Mies Van der Rohe.

Sculpture by Georg Kolbe, Mies Van der
Rohe Pavilion.

Sculpture de Georg Kolbe à l'intérieur
du Pavillon Mies Van der Rohe.

Skulptur von Georg Kolbe im Pavillon
Mies van der Rohe.

Aurigues de Pablo Gargallo a l'Estadi
Olímpic i Palau Sant Jordi.

Aurigas de Pablo Gargallo en el Estadio
Olímpico y Palau Sant Jordi.

Charioteers by Pablo Gargallo in the
Olympic Stadium, and the Palau Sant Jordi.

Auriges de Pablo Gargallo à l'intérieur
du Stade Olympique et Palau Sant Jordi.

Wagenlenker von Pablo Gargallo im
Olympiastadion und der Sportpalast
Palau Sant Jordi.

Torre de
comunicacions.

Torre de
comunicaciones.

Communications
tower.

Tour de
communications.

Kommunikations-
turm.

Anella Olímpica
de Montjuïc.

Anillo Olímpico
en Montjuïc.

Olympic Ring,
Montjuïc.

Anneau Olympique
à Montjuïc.

Der olympische
Ring auf dem
Montjuïc.

Montjuïc: Font Màgica de Carles Buigas
i espectacle piromusical.

Montjuïc: Fuente Mágica de Carles
Buigas y espectáculo piromusical.

Montjuïc: Magic Fountain, by Carles
Buigas and Music and fireworks.

Montjuïc: Fontaine magique de Carles
Buigas et spectacle pyromusical.

Montjuïc: der Springbrunnen von Carles
Buigas und Pyrotechnisch-musikalisches
Schauspiel

Festa de clausura dels Jocs Olímpics
del 1992 a l'Estadi de Montjuïc.

Fiesta de clausura de los Juegos
Olímpicos del 1992 en el Estadio
de Montjuïc.

Closing celebrations of the 1992
Olympic Games, Montjuïc Stadium.

Fête de clôture des Jeux Olympiques de
1992 au Stade de Montjuïc.

Schlussfeier der Olympischen Spiele
1992 im Stadion auf dem Montjuïc.

La ciutat de nit.

La ciudad de noche.

The city at night.

La ville de nuit.

Die Stadt bei Nacht.

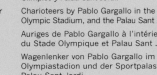

La Rambla de Mar, al Port Vell.
La Rambla de Mar, en el Port Vell.
The Rambla de Mar, Port Vell.
La Rambla de Mar, au Port Vell.
Rambla de Mar im Alten Hafen.

Detall de la Rambla de Mar.
Detalle de la Rambla de Mar.
Detail of the Rambla de Mar.
Détail de la Rambla de Mar.
Detailansicht der Rambla de Mar.

Vista del Port Vell i l'Aquàrium.
Vista del Port Vell y l'Aquàrium.
View of Port Vell and l'Aquàrium.
Vue du Port Vell et de l'Aquarium.
Blick auf den Alten Hafen und das Aquarium.

Túnel transparent de l'Aquàrium.
Túnel transparente de l'Aquarium.
Transparent tunnel inside l'Aquàrium.
Tunnel transparent de l'Aquarium.
Der gläserne Tunnel im Aquarium

Inici de la Rambla de Mar cap al Maremàgnum.
Inicio de la Rambla de Mar hacia el Maremagnum.
La Rambla de Mar and Maremagnum.
Début de la Rambla de Mar vers le Maremagnum.
Die Rambla de Mar zum Maremagnum hin.

Regata de piragües al Port Vell.
Regata de piraguas en el Port Vell.
Canoeing regatta in Port Vell.
Régate de pirogues dans le Port Vell.
Kanuregatta im Alten Hafen.

Vista del Port Vell.
Vista del Port Vell.
View of Port Vell.
Vue du Port Vell.
Blick auf den Alten Hafen.

Interior de les Drassanes, seu del Museu Marítim.
Interior de Les Drassanes, sede del Museo Marítimo.
Interior of Les Drassanes, home of the Maritime Museum.
Intérieur de Les Drassanes, siège du Musée Maritime.
In der ehemaligen Schiffswerft Drassanes, dem heutigen Schifffahrtsmuseum.

El port dels pescadors amb la Torre del Rellotge.
El puerto de los pescadores con la Torre del Reloj.
The fisherman's harbour with the Clock tower.
Le port de pêcheurs avec la Tour de l'Horloge.
Der Fischerhafen mit dem Uhrturm.

Torre de Sant Sebastià, estació del telefèric a Montjuïc.
Torre de San Sebastián, estación del teleférico a Montjuïc.
Torre de San Sebastián, station for the cable car to Montjuïc.
Tour de San Sebastián, station du téléphérique à Montjuïc.
Der Turm San Sebastian, Endstation der Seilbahn zum Montjuïc.

El Port Vell i la Barceloneta.
El Port Vell y la Barceloneta.
The Port Vell and La Barceloneta.
Le Port Vell et La Barceloneta.
Die Alten Hafen und La Barceloneta

Estació de França.
Estación de Francia.
França railway station.
Gare de *França*.
Bahnhof *França*.

Nus de la Trinitat.
Nudo de la Trinidad.
La Trinitat junction.
Noeud de la Trinité.
Knotenpunkt Trinidad.

Aeroport de Barcelona.
Aeropuerto de Barcelona.
Barcelona Airport.
Aéroport de Barcelone.
Flughafen Barcelona.

Capvespre al Passeig de Gràcia. Rajoles d'Antoni Gaudí.
Atardecer en el Passeig de Gracia. Baldosas de Antoni Gaudí.
Dusk on Passeig de Gracia. Paving stones by Antoni Gaudí.
Après-midi sur le Passeig de Gracia. Dalles d'Antoni Gaudí.
Dämmerung am Passeig de Gràcia. Steinplatten von Antoni Gaudí.

Plaça de Francesc Macià i la Diagonal.
Plaça de Francesc Macià y la Diagonal.
Plaça de Francesc Macià and la Diagonal.
Plaça de Francesc Macià et la Diagonal.
Plaça de Francesc Macià und la Diagonal.

Tarda de pluja al Passeig de Gràcia.
Tarde de lluvia en el Passeig de Gràcia.
Rainy afternoon on Passeig de Gràcia.
Après-midi de pluie sur le Passeig de Gràcia.
Regennachmittag am Passeig de Gràcia.

Competició atlètica al Passeig de Gràcia.
Competición atlética en el Passeig de Gràcia.
Athletics competition on Passeig de Gràcia.
Compétition athlétique sur le Passeig de Gràcia.
Volkslauf am Passeig de Gràcia.

Coberta i façana de la Casa Batlló d'Antoni Gaudí.
Cubierta y fachada de la Casa Batlló de Antoni Gaudí.
Roof and façade of the Casa Batlló by Antoni Gaudí.
Toit et façade de la Casa Batlló d'Antoni Gaudí.
Dach und fassade der Casa Batlló von Antoni Gaudí.

Coberta i xemeneies de la Casa Batlló.
Cubierta y chimeneas de la Casa Batlló.
Rooftop and chimneys of the Casa Batlló.
Toit et cheminées de la Casa Batlló.
Dach und Schornsteine der Casa Batlló.

Casa de les
Punxes.

Pati interior de la
Pedrera.

Patio interior de la
Pedrera.

Interior courtyard
of la Pedrera.

Cour intérieure
de la Pedrera.

Innenhof des
Gebäudes
Pedrera.

Espai Gaudí a les golfes de la Pedrera.

Espai Gaudí en las buhardillas de la Pedrera.

Espai Gaudí, in the attic of la Pedrera.

Espai Gaudí dans les mansardes de la Pedrera.

Die Gaudí-Ausstellungsräume im Dachgeschoss der Pedrera.

Façana de la Pedrera.

Fachada de la Pedrera.

Façade of la Pedrera.

Façade de la Pedrera.

Fassade des Gebäudes Pedrera.

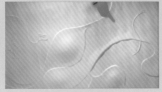

Motllures de guix al sostre del pis principal de la Pedrera.

Molduras de yeso en el techo del piso principal de la Pedrera.

Plaster mouldings on the ceiling of the first floor of la Pedrera.

Moulures de plâtre sur le toit du premier étage de la Pedrera.

Stuck an der Decke des ersten Stockwerks der Pedrera.

Terrassa escalonada i xemeneies
de la Pedrera.

Terraza escalonada y chimeneas
de la Pedrera.

Terraced roof and chimneys, la Pedrera.

Terrasse en escalier et cheminées
de la Pedrera.

Treppen und Schornsteine
auf der Dachterrasse der Pedrera.

Balcons i baranes de la Pedrera.

Balcones y barandillas de la Pedrera.

Balconies and railings, la Pedrera.

Balcons et balustrades de la Pedrera.

Gitter der Balkons an der Pedrera.

Reixa de ferro del
Palau Güell.

Reja de hierro del
Palau Güell.

Iron grille, Palau
Güell.

Grille en fer du
Palau Güell.

Eisengitter im
Palau Güell.

Picaporta de la
Casa Thomas.

Aldaba de la Casa
Thomas.

Door knocker,
Casa Thomas.

Marteau de porte
de la Casa
Thomas.

Türklopfer der
Casa Thomas.

Mensules d'edificis modernistes.

Ménsulas de edificios modernistas.

Corbels used in modernist buildings.

Consoles dans des édifices modernistes.

Konsolen an einem Jugendstilgebäude.

Fundació Antoni Tàpies i Palau de la
Música Catalana, de Domènech i Montaner.

Fundació Antoni Tàpies y Palau de la
Música Catalana, de Domènech i Montaner.

Fundació Antoni Tàpies and Palau de la
Música Catalana, by Domènech i Montaner.

Fundació Antoni Tàpies et Palau de la
Música Catalana, de Domènech i Muntaner.

Fundació Antoni Tàpies und Palau de la
Música Catalana, von Domènech i Montaner.

Claraboia del
Palau de la Música Catalana.

Claraboya del
Palau de la Música Catalana.

Ceiling centrepiece in
the Palau de la Música Catalana.

Lucarne du Palau de la Música Catalana.

Fenster im Palau de la Música Catalana.

Les muses de l'escenari del
Palau de la Música Catalana.

Las Musas del escenario del
Palau de la Música Catalana.

The Muses on the stage of the
Palau de la Música Catalana.

Les Muses de la scène du
Palau de la Música Catalana.

Die Musen auf der Bühne des
Palau de la Música Catalana.

Panoràmica de l'interior del Palau de la Música Catalana.

Panorámica del interior del Palau de la Música Catalana.

Interior of the Palau de la Música Catalana.

Vue panoramique de l'intérieur du Palau de la Música Catalana.

Innenansicht des Palau de la Música Catalana.

Ball dels Gegants de la Ciutat a la plaça
de la Catedral.

Baile de los *Gegants de la Ciutat*
en la Plaça de la Catedral.

Dance of the *Gegants de la Ciutat*
in Plaça de la Catedral.

Danse des *Gegants de la Ciutat*
sur la Plaça de la Catedral.

Tanz der *Gegants de la Ciutat*
auf der Plaça de la Catedral.

Castellers a la
Plaça Sant Jaume.

Castellers en la
Plaça Sant Jaume.

Castellers in Plaça
Sant Jaume.

Castellers sur la
Plaça Sant Jaume.

Menschentürme auf
der Plaça Sant
Jaume.

Estadi del Futbol
Club Barcelona.

Estadio del Futbol
Club Barcelona.

Futbol Club
Barcelona Stadium.

Stade du Futbol
Club Barcelona.

Stadion des
Fußball-Club
Barcelona.

El correfoc, festa popular.

El *correfoc*, fiesta popular.

Correfocs, a popular festival.

Le *correfoc*, fête populaire.

Feuerspeiende Drachen beim Volksfest.

Monument a Colom.

Monumento a Colón.

Columbus Monument.

Monument à Christophe Colomb.

Kolumbus-Säule.

MANUEL VÁZQUEZ MONTALBÁN
LA CIUTAT: AQUEST IMAGINARI O CIRCUMLOQUI SOBRE LA CONSTRUCCIÓ I LA DESCONSTRUCCIÓ DE BARCELONA

Atenes, Babilònia, Nínive, Alexandria... Noms de ciutats que evoquen complexes mitologies i referències simbòliques que la memòria revisa de tant en tant. Si ens hem de plantejar "quina memòria", complicaríem tant el problema del subjecte que estableix la memòria de les ciutats, que seria inassimilable. És inassimilable. Per a uns, Atenes és la ciutat de Pèricles (l'Atenes de Pèricles), per a altres la de la reunió d'arquitectes i urbanistes que hi van codificar el seu avantguardisme contemporani i, pel que fa a Babilònia, és alhora la ciutat jardí sota la llei del desig i, per a altres, una ciutat que va fer possible la cançó "Ay Ba, ay Ba... ay Babilonio que mareo". Va existir l'Alexandria de l'arxiu bibliòtic de la humanitat i la de Durrell, malgrat que altres prefereixen la de Kavafis. Les ciutats es converteixen en referents d'una finalitat de l'esplendor material i cultural que coincideix quasi sempre amb el de l'hegemonia política i econòmica. Si aquesta llei és vàlida per entendre la fixació de les ciutats a la memòria del passat, en canvi, tindria alguns problemes per demostrar la seva validesa en aquest últim segle.

És cert que l'hegemonia política ha fet de les capitals dels imperis més estables (França, el Regne Unit i els Estats Units) candidates perpètues a la capitania de la mitologia i el simbolisme urbà del nostre temps i és cert que París i Londres assumeixen aquesta condició des del Londres victorià i el París de la Belle Époque. Però, malgrat aquesta condició de capital de l'anomenat *Imperi del Bé*, Washington mai no ha provocat entusiasmes mitològics i simbòlics excessius i ha fet molt més per la seva memorització el cinema nord-americà en blanc i negre.

Hi ha ciutats que són literàries i altres que no, com hi ha regions que van desenvolupar-se perquè va passar-hi a temps el ferrocarril i altres que van quedar-se amb la seva geografia de tartana i traginer. Depèn de vegades de l'afany d'un escriptor o d'un grup d'escriptors i altres de la mateixa materialitat de la ciutat, de la sintaxi de la seva memòria i el seu físic, de les seves arqueologies, la seva gent. Barcelona esdevé literària de cop al segle XIX, ciutat capaç de ser imaginada i generar un *imaginari barceloní* trifront: la capital viuda i romàntica de l'imperi perdut generaria un pomet d'odes nacionalistes; la ciutat capitana d'una revolució industrial, lluites socials i prodigis per a rics sublimaria una novel·lística que té molt a veure amb les contradiccions socials. La ciutat pecadora, portuària, feréstega, es quedaria esperant que arribessin els novel·listes francesos a codificar-la: Carco, Pieyre de Mandiargues, Genet... Com a apèndixs importants de la seva vida, la Barcelona capital de la rereguarda republicana va posar per a Orwell, Malraux, Claude Simon, i aquesta Barcelona es va quedar amagada a la memòria dels vençuts fins que van recuperar aquest imaginari barceloní des dels seus exilis.

Després de la guerra són molts els novel·listes que fan servir el material urbà barceloní com a referent fonamental, potser afectats de certa incapacitat de patriotisme més enllà de les cantonades principals

de la ciutat o d'un barri. L'excitant literari de Barcelona procedeix d'una especial relació espai-temps, relació diacrònica i sincrònica. Aquesta ciutat ha historificat el millor del seu passat i ha creat un espai barceloní convencional però viu, ple de barricades, putes d'absenta, Gaudís, patiments ètics, rics lleugers, pobres sòlids, ocupants, ocupats, humiliats, ofesos... i tot un decorat ple de meravelles petites i pròximes, a vint minuts les putes d'absenta dels senyorassos dels Jardinets en els bons temps dels senyorassos i dels Jardinets. Aquesta relació espai-temps se situa en el temps convencional d'uns cent cinquanta anys d'història i d'uns pocs quilòmetres quadrats de territori on va haver-hi de tot i va passar de tot durant els dies feiners, i els diumenges tothom se n'anava a la Rambla a posar per a Georges Sand o per a les televisions d'Europa àvides d'olimpietats.

Ara Barcelona, democràtica i postolímpica, s'ha convertit en un bell escenari per a una representació encara per decidir i per això es predisposa a acollir qualsevol esdeveniment universal, perquè no hi ha pitjor angoixa que la que produeixen els teatres buits. Oberta al mar, socialitzat el mar, Barcelona ha deixat de ser l'amfiteatre d'una burgesia hegemònica per ser-ho d'una ètnia urbanita condicionada per un poderós patriotisme de ciutat contemplada amb ulls protectors, enamorats, edípics de fills de viuda, perquè als barcelonins d'avui, com als d'ahir i els de demà, els continua afectant la sensació de viure en una ciutat que mai no ha aconseguit bencasar-se del tot.

MANUEL VÁZQUEZ MONTALBÁN

THE CITY: THAT IMAGERY

OR CIRCUMLOCUTION ABOUT THE CONSTRUCTION AND DECONSTRUCTION OF BARCELONA

Athens, Babylon, Ninevah, Alexandria... Names of cities evoking complex mythologies and symbolic references, reviewed by the memory from time to time. To consider "which memory" would overcomplicate the problem of the subject which establishes the memory of cities, to such an extent that it could not be assimilated. It cannot be assimilated. For some, Athens is the city of Pericles (the Athens of Pericles), for others it is the assembly of architects and urban planners who codified their contemporary avant-gardism. As far as Babylon is concerned, it is both garden city, subject to the law of desire, and a city which made possible the song "Ay Ba, ay Ba...ay Babilonia que mareo". There was the Alexandria of the great library of mankind and the Alexandria of Durrell, although some prefer that of Cavafis. Cities become referents seeking the material and cultural splendour which nearly always coincides with political and economic hegemony. Although this law is valid in order to understand how cities have become fixed in the memory of the past, it would, however, have some difficulty in proving its validity during this last century.

Of course, political hegemony has made the capitals of the most stable empires (France, the United Kingdom and United States) perpetual candidates for the leadership of the urban symbology and mythology of our times; it is also true that Paris and London have assumed this position since the Belle Epoque and the Victorian era. However, in spite of its position as the capital of the so-called *Empire of the Good*, Washington has never stirred excessive mythological and symbolic enthusiasm; American cinema, in black and white, has done much more to fix it in our memories.

There are cities which are literary, and others which are not, just as there are regions which developed due to the timely arrival of the railway, and others which were left with their landscape of covered traps and mule drivers. On some occasions, it depends on the efforts of a writer, or group of writers, and on others, on the very materiality of the city, on the syntax of its memory or its physical appearance, its archaeologies, its peoples. Barcelona suddenly became a literary city in the nineteenth century, a city which could be imagined and generate a threefold *imaginary Barcelona*: the widowed, romantic capital of a lost empire, would generate a collection of nationalist odes; the city at the forefront of an industrial revolution, social struggles and marvels for the rich, would sublimate a novelistic genre which has much do with social contradictions. The forbidding, sinful, harbour city would be waiting until the French novelists arrived to codify it: Carcó, Pieyre de Mandiargues, Genet... Barcelona, the capital of the Republican rearguard, posed for Orwell, Malraux and Claude Simon; these were important appendices to its life, and this was the Barcelona which remained hidden in the memory of the vanquished until they retrieved this Barcelona imagery from their place in exile.

After the war, many novelists used the urban material of Barcelona as a fundamental referent. They were perhaps suffering from a certain inability to feel a patriotism greater than that established by the main street corners of the city or a district. The exciting literary output of Barcelona stems from a special relationship between space and time: a diachronic and synchronic relationship. The city has historified the best of its past and created a Barcelona space which is conventional yet alive, full of barricades, absinthe-drinking prostitutes, Gaudís, ethical suffering, frivolous rich people, down-to-earth poor people, occupiers, the occupied, the humiliated and wronged... and placed them all in a setting full of small marvels, close at hand: the absinthe-drinking prostitutes just twenty minutes away from the gentry in Els Jardinets, during the good old days of the gentry and Els Jardinets. This space-time relationship is situated in the conventional time of a hundred and fifty years of history and on scarcely a few square kilometres of land where all sorts of things happened on working days, and Sundays when everybody went to La Rambla to pose for George Sand or European television stations eager for Olympic news.

Now, Barcelona —democratic and post-Olympic— has become a beautiful setting for a performance which is, as yet, undecided; this is why it is predisposed to choose any universal event, because there is no anguish more unbearable than that caused by empty theatres. Open to the sea, the socialised sea, Barcelona has ceased to be the amphitheatre of a hegemonic bourgeoisie in order to become that of an urbane ethnic group conditioned by the powerful patriotism of a city viewed with the protective, enamoured, Oedipal eyes of a widow's child, because the people of Barcelona today, continue to feel —as yesterday's inhabitants did and tomorrow's will do— that they live in a city which never managed to harmonise completely.

MANUEL VÁZQUEZ MONTALBÁN

LA VILLE: CET IMAGINAIRE OU CIRCONLOCUTION SUR LA CONSTRUCTION ET LA DÉCONSTRUCTION DE BARCELONE

Athènes, Babylone, Ninive, Alexandrie...Noms de villes qui évoquent des mythologies et des références symboliques complexes que la mémoire révise de temps à autre. Si nous devions nous demander de "quelle mémoire" il s'agit, nous compliquerions tellement le problème de savoir qui est le sujet établissant la mémoire des villes, que cela en deviendrait inassimilable. Pour les uns Athènes est la ville de Périclès (l'Athènes de Périclès), pour d'autres c'est le rassemblement d'architectes et d'urbanistes qui y codifièrent leur mouvement d'avant-garde; quant à Babylone, c'est à la fois la ville-jardin sous la loi du désir et, pour d'autres, la ville de la chanson "Ay Ba, ay, Ba...ay Babilonia que mareo". L'Alexandrie archive-bibliothèque de l'humanité et celle de Durell ont existé, même si d'autres lui préfèrent celle de Cavafis. Les villes deviennent des référentiels d'une finalité de la splendeur matérielle et culturelle qui coïncide presque toujours avec leur hégémonie politique et économique. Si cette loi est valable pour comprendre la fixation des villes dans la mémoire du passé, quelques problèmes se posent pour démontrer qu'elle reste valable pour le siècle qui vient de s'écouler.

Il est vrai que l'hégémonie politique a fait des capitales des empires les plus stables (la France, le Royaume Uni et les Etats-Unis) des candidates perpétuelles à la tête de la mythologie et du symbolisme urbain de notre temps et il est exact que Paris et Londres assument cette condition depuis l'époque du Londres victorien ou du Paris de la Belle Epoque. Par contre, malgré sa condition de capitale de l'*Empire du Bien*, Washington n'a jamais provoqué d'enthousiasmes mythologiques et symboliques excessifs et le cinéma américain en blanc et noir a beaucoup plus contribué à sa mémorisation.

Il y a des villes qui sont littéraires et d'autres pas, comme il y a des régions qui se sont développées grâce au chemin de fer et d'autres qui ont gardé une géographie de chars à boeufs. Cela dépend parfois de l'effort persévérant d'un écrivain ou d'un groupe d'écrivains et dans d'autres cas de la matérialité même de la ville, de la syntaxe de sa mémoire ou de son physique, de ses archéologies, de ses gens.

Barcelone devient soudain littéraire au XIXe siècle. Ville capable d'être imaginée et de produire un triple *imaginaire barcelonais*: la capitale veuve et romantique d'un empire vit naître une floraison d'odes nationalistes; la ville capitaine d'une révolution industrielle, de luttes sociales et de prodiges pour les riches engendra une production de romans sublimes indissociables des contradictions sociales existantes. La ville pécheresse, portuaire, torve attendait que les romanciers français viennent la codifier: Carcó, Pieyre de Mandiargues, Genet... Comme s'il s'agissait d'appendices importants de sa vie, Barcelone capitale de l'arrière-garde républicaine posa pour Orwell, Malraux, Claude Simon et cette Barcelone-là resta cachée dans la mémoire des vaincus jusqu'à ce qu'ils aient eu récupéré cet imaginaire barcelonais de leurs exils. Après la guerre, nombreux sont les romanciers qui

utilisent le matériel urbain barcelonais comme référentiel fondamental, souffrant parfois d'une certaine incapacité à éprouver un patriotisme plus large que celui formé par les principaux lieux de la ville ou d'un quartier. Le stimulant littéraire de Barcelone provient d'une relation espace-temps spéciale, relation à la fois diachronique et synchronique. Cette ville a écrit l'histoire de son meilleur passé et a créé un espace barcelonais conventionnel mais vivant, plein de barricades, de putains d'absinthe, de Gaudis, de souffrances éthiques, de riches superficiels, de pauvres solides, d'occupants, d'occupés, d'humiliés, d'offensés... le tout dans un décor rempli de merveilles petites et proches, dans lequel les putains d'absinthe étaient à vingt minutes des messieurs des Jardinets, au bon vieux temps des messieurs et des Jardinets. Cette relation espace-temps se situe dans un espace conventionnel d'environ cent cinquante ans d'histoire et de quelques kilomètres carrés de territoire où il y eut de tout, et où l'on vit de tout, les jours de semaine, et où les dimanches tout le monde allait à la Rambla poser pour Georges Sand ou pour les télévisions européennes avides d'olympiétés.

Maintenant Barcelone, démocratique et post-olympique, s'est transformée en un beau décor pour une représentation qui reste à décider, et c'est pourquoi elle est prête à accueillir n'importe quel évènement universel, parce qu'il n'y a pas d'angoisse plus insupportable que celle produite par les théâtres vides. Ouverte sur la mer, une fois la mer socialisée, Barcelone a cessé d'être l'amphithéâtre d'une bourgeoisie hégémonique. Elle est maintenant la scène d'une ethnie urbanite conditionnée par un puissant patriotisme de ville contemplée avec des yeux protecteurs, amoureux, oedipiens de fils de veuve, parce que les barcelonais d'aujourd'hui, comme ceux d'hier et de demain, souffrent encore de la sensation de vivre dans une ville qui n'a jamais complètement réussi à se bienmarier.

MANUEL VÁZQUEZ MONTALBÁN

DIE STADT: DAS IMAGINÄRE ODER REFLEKTIERTE ÜBER DIE KONSTRUKTION UND DE-KONSTRUKTION BARCELONAS

Athen, Babylon, Ninivé, Alexandria ... Namen von Städten, die komplexe Mythen und symbolische Referenzen hervorrufen, die von Zeit zu Zeit im Gedächtnis revidiert werden. Müssten wir entscheiden, um welches Gedächtnis es da geht, würden wir das Problem um das Sujet, das das Gedächtnis der Städte festsetzt, so komplizieren, dass es nicht assimilierbar wäre. Tatsächlich ist es nicht assimilierbar. Denn für manche ist Athen die Stadt des Perikles (das Athen des Perikles), für andere die Stadt, in der Architekten und Städtebauer zusammenkamen, um den Avantgardismus ihrer Zeit zu kodifizieren. Mit Babylon verbinden einige die Gartenstadt, die dem Gesetz der Lust unterlag, für andere ist es die Stadt, die das populäre spanische Lied möglich machte: "Ay Ba, ay Ba ... ay Babilonia que mareo (ah Babylon, was für ein Wahnsinn)". Es gab das Alexandria der Bibliothek mit dem Wissensbestand der Menschheit und das Alexandria Durrells, wenngleich andere wiederum das von Cavafis vorziehen. Die Städte werden zur Referenz einer Finalität der materiellen und kulturellen Glanzzeit, die fast immer mit der politischen und ökonomischen Vormachtstellung zusammenfällt. Wenn dieses Gesetz gültig ist zum Verständnis dessen, wie die Städte der Vergangenheit im Gedächtnis haften, so wird es allerdings schwierig zu beweisen, dass es auch für das vergangene Jahrhundert gültig ist.

Zwar hat die politische Hegemonie den Hauptstädten der dauerhaftesten Weltreiche (Frankreich, Großbritannien und Vereinigte Staaten) dazu verholfen, die Mythologie und den urbanen Symbolismus unserer Zeit anzuführen, zwar haben London und Paris diesen Rang seit dem viktorianischen London oder dem Paris der Belle Epoque inne, doch ungeachtet seiner Eigenschaft als Hauptstadt des sogenannten Reich des Guten hat Washington nie übermäßige mythologische oder symbolische Begeisterung hervorgerufen, und der amerikanische Schwarzweißfilm hat wesentlich mehr dafür geleistet, dass es sich ins Gedächtnis einprägte.

Es gibt Städte, die literarisch sind und andere, die es nicht sind, so wie sich Regionen entwickelten, weil die Eisenbahn rechtzeitig hindurchführte, während das Landschaftsbild anderer von Pferdekutsche und Maulesel geprägt blieb. Manchmal hängt es vom Bestreben eines Schriftstellers oder einer Gruppe von Schriftstellern ab, manchmal von der Beschaffenheit der Stadt, von der Darstellung ihrer Geschichte oder ihres Aussehens, ihres historischen Ursprungs oder ihrer Menschen. Barcelona wird plötzlich im 19. Jahrhundert zur literarischen Stadt, die imaginiert werden und in dreierlei Hinsicht das Imaginäre Barcelonas schaffen kann: Die romantische Hauptstadt eines verlorenen Reiches im Witwenstand ließ ein Bündel nationalistischer Oden entstehen; die Hauptstadt der Industriellen Revolution, der sozialen Kämpfe und Wunder für die Reichen sollte in Romane eingehen, die viel mit den sozialen Widersprüchen zu tun haben. Die lasterhafte, düstere Hafenstadt wartete darauf, dass französische Romanciers wie Carcó, Pieyre de Mandiargues oder Genet kämen, um sie in

ihren Werken abzubilden. Für Orwell, Malraux und Claude Simon war Barcelona, die Hauptstadt der republikanischen Etappe, die Kulisse für eine wichtige Episode ihres Lebens, und es war dieses Barcelona, das im Gedächtnis der Besiegten haften blieb, bis sie das Imaginäre Barcelonas in ihrem jeweiligen Exil wiedergewannen.

Nach dem Bürgerkrieg wird die Stadt von vielen Schriftstellern als fundamentale Referenz verwendet, vielleicht deshalb, weil sie an einer gewissen Unfähigkeit litten, einen größeren Patriotismus als den für die bedeutendsten Ecken der Stadt oder ein bestimmtes Stadtviertel zu empfinden. Das literarisch Aufregende an Barcelona entspringt einer besonderen Beziehung von Raum und Zeit, einer diachronischen und synchronischen Beziehung. Diese Stadt hat das Beste ihrer Vergangenheit historisiert und einen konventionellen, aber lebendigen Raum aus Barcelona geschaffen, der angefüllt ist mit Barrikaden, dem Absinth verfallenen Huren, Gaudí nacheifernden Architekten, ethischem Leiden, leichtlebigen Reichen, anständigen Armen, Besatzern, Besetzten, Erniedrigten, Gekränkten ... und alles auf einem Schauplatz voll kleiner, nah beieinanderliegender Wunder, wo die Absinth-Huren zwanzig Minuten von den herrschaftlichen Häusern mit ihren Gartenanlagen entfernt zu finden waren, in jenen guten alten Zeiten, als es noch hohe Herrschaften rund um Els Jardinets, die Gartenanlage, gab. Diese Beziehung von Raum und Zeit ist in einer Zeitspanne von ungefähr einhundertfünfzig Jahren und auf einigen wenigen Quadratkilometern Fläche anzusiedeln, wo es an den Werktagen alles Mögliche gab und wo alles Mögliche geschah, und wo an den Sonntagen jedermann zur Rambla ging, um für George Sand oder die olympiadegierigen Fernsehsender Europas zu postieren.

Das demokratische und postolympische Barcelona ist nun zu einer schönen Kulisse für eine noch zu beschließende Aufführung geworden und ist deswegen darauf vorbereitet, jedwedes universale Ereignis aufzunehmen, denn es gibt keine unerträglichere Pein als jene, die leere Theatersäle verursacht. Nachdem die Stadt sich dem Meer zugewandt und das Meer sozialisiert hat, ist Barcelona nicht mehr der Schauplatz einer hegemonischen Bourgeoisie, sondern eines urbanen Völkchens, das von einem mächtigen Patriotismus für eine Stadt konditioniert wird, die es mit einem beschützerischen, verliebten Ödipusblick betrachtet, denn die Bewohner Barcelonas von heute, wie die von gestern und morgen, bewegt weiterhin das Lebensgefühl einer Stadt, der es nie ganz gelungen ist, eine gute Bindung einzugehen.

Edita
Edita
Published by
Edité par
Herausgeber

Ajuntament de Barcelona
Impremta Municipal ©
Triangle Postals S.L. ©
Turisme de Barcelona

Direcció
Dirección
Editor
Responsable d'édition
Leitung

Joan Ignasi Sans
Ricard Pla

Direcció d'art
Dirección de arte
Art Director
Direction Artistique
Künstlerische Leitung

Pablo Martín @ Grafica

Disseny gràfic
Diseño gráfico
Graphic Design
Graphisme
Grafische Gestaltung

Pablo Martín @ Grafica
Emmanuelle–Clara Ponty @ Grafica

Producció i control de qualitat
Producción y Control Calidad
Production and Quality Control
Production et Contrôle de Qualité
Produktion und Qualitätskontrolle

Joan Isern

Coordinació editorial
Coordinación editorial
Publication Coordinator
Coordination Editoriale
Verlegerische Koordinierung

Paz Marrodán
Mercè Camerino

Fotos
Fotos
Photographs
Photos
Fotos

▼ Pere Vivas ©
● Francisco Ontañón ©
■ Ricard Pla ©
▲ Juanjo Puente ©
★ Jordi Llobet ©
◆ Pep Herrero ©

El nostre agraiment a:
Nuestro agradecimiento a:
With thanks to:
Nos remerciements à:
Wir danken:

André Pieyre de Mandiargues,
La marge, Gallimard.

Eduardo Mendoza,
La ciudad de los prodigios,
Seix Barral.
(E. Mendoza: Die Stadt der Wunder.
Aus dem Spanischen von
Peter Schwaar; Suhrkamp Verlag,
Frankfurt a.M. 1989).

Juan Marsé,
El fantasma del cine Roxy,
Editorial Almarabú.

Robert Hugues,
Barcelona, Harvill.

Lluis Permanyer,
Citas i Testimonis sobre Barcelona,

Edicions La Campana
(textes de Le Corbusier,
Maurice Chevalier i Pablo Picasso).

George Orwell,
Homage to Catalonia, Penguin Books.
(G. Orwell: Mein Katalonien.
Übersetzung Diogenes-Verlag, 1975).

Pere Quart,
Deu odes a Barcelona,
Editorial Aymà S.A. Editora.

Georges Moustaki

I també a:
Y también a:
And also to:
Ainsi qu'à:
Und auch an:

Fundació Caixa Catalunya
Palau de la Música Catalana
Museu d'Història de la Ciutat

Traducció
Traducción
Translation
Traduction
Übersetzung

Albert Mestres
Mar Vidal
Mark Waudby
Laurent Cohen
Doris Ensinger

Impressió
Impresión
Printed by
Imprimé par
Druck

Impremta Municipal

Fotomecànica
Fotomecánica
Colour separation
Photomécanique
Fototechnick

Tecnoart

Enquadernació
Encuadernación
Binding
Reliure
Einband

Encuadernaciones Arte S.A.

Cartró
Cartón tapa
Card
Carton
Karton

Dorexpack,
Papelera Catalana S.A.

Paper
Papel
Paper
Papier
Papier

Printomat 3D, 150 g/m²
Sarrió Papel

Triangle Postals S.L.
Menorca, Tel: 971 15 04 51
Barcelona, Tel: 932 18 77 37
E-mail: PAZ@sendanet.es

ISBN: 84-89815-67-4
Dipòsit Legal: B-19.476 · 1999

Aquest llibre es va acabar d'imprimir
en els obradors de la Impremta Municipal
al 7 de Maig de 1999. Primera edició.